COMO
ASSIM,
BIAL?

Pablo Peixoto

COMO ASSIM, BIAL?

As maiores pérolas da casa mais vigiada do Brasil

Este livro segue as normas do novo ACORDO ORTOGRÁFICO

PANDA BOOKS

Diretor editorial	*Marcelo Duarte*
Coordenadora editorial	*Tatiana Fulas*
Assistente editorial	*Vanessa Sayuri Sawada*
	Juliana Paula de Souza
Assistente de arte	*Alex Yamaki*
Estagiária	*Leika Regina Inoue*
Projeto gráfico e diagramação	*Alex Yamaki*
Ilustração de capa	*Mario Alberto*
Preparação	*Erika Alonso*
Revisão	*Telma Baeza Gonçalves Dias*
	Juliana de Araujo Rodrigues
Impressão	*Bartira*

CIP-BRASIL. CATALOGAÇÃO NA FONTE
SINDICATO NACIONAL DOS EDITORES DE LIVROS, RJ

Peixoto, Pablo
Como assim Bial? – As maiores pérolas da casa mais vigiada do Brasil/ Pablo Peixoto. – 1.ed. – São Paulo: Panda Books, 2012.

ISBN: 978-85-7888-196-2

1. Big Brother Brasil (Programa de televisão). 2. Reality shows (Programas de televisão) – Citações, máximas, etc. I. Título.

10-5453 CDD: 791.4572
CDU: 791.44:654.19

2012

Um selo da Editora Original Ltda.
Rua Henrique Schaumann, 286, cj. 41
05413-010 – São Paulo – SP
Tel./Fax: (11) 3088-8444
edoriginal@pandabooks.com.br
www.pandabooks.com.br
twitter.com/pandabooks
blog.pandabooks.com.br
Visite também nossa página no Facebook e no Orkut.

Para minha esposa, Lílian,
e minha filha, Luiza.

SUMÁRIO

APRESENTAÇÃO

Saudações, meus heróis!

Um sábio disse uma vez que o importante não é o tempo que temos na televisão, mas o que fazemos com o tempo que nos é dado... Como assim, Bial? Essa frase pseudofilosófica não tem nada a ver com o que falaremos em seguida, mas nenhuma outra ilustra melhor a histeria coletiva que toma conta do Brasil no início de cada ano, graças a um certo *reality show*.

Nunca um programa de televisão brasileiro foi tão bem-sucedido quanto o *Big Brother Brasil*. O formato idealizado pela produtora holandesa Endemol (colocar estranhos em uma casa vigiada 24 horas por câmeras e aplicar nessas "cobaias" estímulos para testar seus dons de convivência – principalmente quando isso faz aflorar seus inúmeros defeitos) caiu como uma luva no gosto do telespectador brasileiro, já afeito às crises melodramáticas das novelas nacionais. Com 11 edições apresentadas até o momento, o *BBB* é quem melhor traduz a velha expressão atribuída à TV: uma máquina de fazer doidos.

Além de muita audiência, muita polêmica e muito dinheiro, principalmente para seus idealizadores, o *Big Brother Brasil* também é notório por outro aspecto bastante peculiar: a fartura de "pérolas", deslizes e outras bobagens ditas por seus participantes em seus mais de dez anos da atração.

Durante todo esse tempo, vimos pessoas de todos os cantos do país, de todas as idades e de todas as classes sociais desfilando seus preconceitos, suas frases feitas e sua total falta de cultura para milhões de lares brasileiros. Não podemos culpá-los. Com um microfone registrando tudo o que é dito durante dois, três meses, é impossível evitar qualquer mal-entendido, frase fora de contexto, ou até mesmo asneiras.

Este livro tem como objetivo reunir as mais engraçadas, infames e curiosas frases ditas pelos BBBs, divididas em capítulos temáticos, tentando, dentro do possível, catalogar tais pérolas em situações existentes em todos os programas. Os barracos, o besteirol e as frases mais polêmicas estão aqui. Por meio deste manual, você, aspirante a BBB, poderá treinar suas próprias habilidades para se tornar um verdadeiro *big brother*, capaz de concorrer e, quem sabe, até ganhar o prêmio final. Boa sorte e bom aprendizado.

Divirta-se e... seguimos vigiando!

Pablo Peixoto

"Tenho zero de preocupação em dar um aspecto cultural ao programa. Acho que tudo é cultura. *Big Brother* é cultura tanto quanto Guimarães Rosa."

Pedro Bial explicando, em outras palavras, porque uma bicicleta pode ser um meio de transporte tanto quanto uma Ferrari.

FALE SEMPRE A COISA ERRADA NA HORA ERRADA

Nem tudo o que falamos sai do jeito que a gente quer – muitas vezes as frases soam bem melhores na nossa cabeça do que quando são ditas. O *Big Brother* é fértil nesse tipo de situação, "Putz, falei!", já que tudo é feito ao vivo e qualquer deslize, tanto de participantes quanto dos apresentadores, fica registrado.

Teve participante entregando possíveis armações do programa, apresentador trocando os pés pelas mãos... teve de tudo quando se pensa pouco e se fala muito.

"Vamos falar de novo com o pessoal da casa: Adriana! Adriano, quero dizer."

Pedro Bial (*BBB1*, 2001)

Bial ainda não estava habituado com o programa e com os participantes. Acabou dando uma de Ronaldo e confundiu o sexo de um participante.

"Ela mandou avisar pra não ficar brava com ela porque lá dentro só fazemos o que mandam..."

Helena (*BBB1*, 2001)

Assim que deixou a casa, a atriz Helena entregou uma carta para a mãe da empresária Leka. Ao se despedir, deu esse fora. Foi a maior polêmica da edição, despertando dúvidas sobre a espontaneidade dos participantes. Helena acabou sendo punida pela emissora, fazendo participação no *Zorra total*.

"E o indicado é o Caetano."

Marisa Orth (*BBB1*, 2001)

Marisa Orth, que fazia dupla com o Bial na primeira edição, falando antes do líder quem era o indicado ao paredão. Nos anos 1990, Marisa Orth participava de um programa chamado *Sai de baixo*, no qual sua personagem só falava besteiras e ouvia o bordão "Cala a boca, Magda!". É a vida imitando a arte.

"Ainda existe macaco?"

Adriana (*BBB11*, 2011)

Adriana, em dúvida, ao pagar o castigo do "monstro", vestida como um macaco. É o tipo de comentário de quem acha que galinha nasce congelada no supermercado.

"A fórmula com artistas é mais interessante e agora já está consolidada."

Entrevista publicada em *O babado*, de 3/12/2001

Mauro Lissoni, diretor de programação do SBT explicando por que a *Casa dos artistas* iria colocar o *Big Brother* pra correr. A *Casa* foi até a quarta edição e já vamos para o 12º *BBB*. É só fazer as contas.

"A turma da *Casa dos artistas* tinha mais coisas para fazer do que nós."

Adriano (*BBB1*, 2001)

Sem saber, o artista plástico baiano Adriano concordava com Lissoni.

"Teresina foi o pior lugar para onde já viajei."

Roberta (*BBB6*, 2006)

A bailarina Roberta falando sobre a reputação já castigada do estado do Piauí. Punição ou não, ela deixou o programa com a maior taxa de rejeição da edição, com 76% dos votos e acabou *persona non grata* no estado.

"Depois da tempestade, vem a bonanza."

Dicesar (*BBB10*, 2010)

... E depois da novela tem Rin Tin Tin! O maquiador Dicesar relembrando a infância ao confundir o termo "bonança" com um antigo seriado de caubói.

"Será que ele tá falando do Oscar Schmidt?"

Eliéser (*BBB10*, 2010)

No domingo do Oscar, Pedro Bial fez uma referência ao prêmio da academia. Em jogada de mestre, o engenheiro agrônomo Eliéser me acertou essa pérola de três pontos!

"Ninguém pode meter o pau na minha bunda."

Ana Carolina (*BBB9*, 2009)

Esta é da advogada Ana Carolina. A participante queria dizer que suas nádegas eram impecáveis, mas acabou soando como uma proibição ao sexo anal.

"Adoro fazer massagem nos pés, sou pedófilo."

Marcelo Zulu (*BBB4*, 2004)

O atleta Marcelo Zulu, dessa vez, arranjando encrenca com a Polícia Federal.

"Quem é Zé Carioca? É da turma da Mônica?"

Serginho (*BBB10*, 2010)

Demonstrando todo seu conhecimento de história em quadrinhos, o cabeleireiro Serginho coloca o personagem da Disney no meio da turma de Mauricio de Sousa.

"Do lado de lá está faltando fé, eles têm um judeu entre eles."

Naiá (*BBB9*, 2009)

A promotora de eventos Naiá, arranjando encrenca com a comunidade judaica.

SAIBA ARRUMAR UM BELO BARRACO

Um dos grandes atrativos de todos os *BBBs* foram os barracos homéricos conferidos ao vivo pelo país inteiro. Desde pequenos desentendimentos até brigas que quase acabaram em pancadaria, um *Big Brother* nunca vai estar completo sem um bom e constrangedor barraco entre os participantes.

Por isso, para se tornar um verdadeiro BBB, é necessário estudar a arte da língua afiada, da provocação e da ofensa, cujo objetivo é desestabilizar o outro e fazê-lo perder a razão, a cabeça, ou pior, cair na porrada, o que automaticamente desclassifica o adversário.

O *BBB* é um barril de pólvora sempre prestes a explodir, que qualquer palavra atravessada, insinuação ou indireta pode detonar. Vamos, então, caro aluno, lembrar aqui os principais barracos que figuraram em todas as edições dos *BBBs*.

"O que é trégua?"

Natália (*BBB5*, 2005)

A apresentadora de TV Natália não tinha limites. Seria mais ou menos como chegar a um rodízio e dizer: "O que é regime?".

Fabrício: Ai, Tina, fica quieta! *Tina:* Eu não! Lá, lá, lá, lá, lá... [para um segundo] e você, que é veado?

(*BBB2*, 2002)

A jogadora de futebol Tina foi provavelmente a barraqueira mais sem noção de todos os *BBBs*. Lembra? Era aquela que batia panela e espalhava as roupas dos outros participantes pelo quarto. Nesse flagrante, ela dá um chute certeiro na masculinidade do colega.

"Vou dar pro meu namorado, garanto que o ### dele é bem maior do que o seu."

Cristina (*BBB1*, 2002)

Ah, a diplomacia! A cantora Cristina e o modelo Bruno brigando por causa de uma lata de leite condensado.

"Cada dia que passo com os homens, mais eu amo meus cachorros."

Rogério (*BBB5*, 2005)

Falou o médico Rogério, eliminado com 92% dos votos. Infelizmente, os cachorros não conseguiram mandar SMS pra te segurar no programa, Gê...

"Nem Jesus agradou a todos, Bial!"

Adriano (*BBB1*, 2002)

Adriano, que não tinha nada de Jesus, apelando para o mais antigo dos argumentos.

"O Brasil inteiro viu, sua otária!"

Adriano (*BBB1*, 2002)

De Adriano para Leka. Tá vendo? Esse Jesus não é fácil... Por isso não agradou a todo mundo.

"Não aponta o dedo pra mim que nem minha mãe aponta."

Marcelo (*BBB9*, 2009)

Dr. (?!) Marcelo fazendo sua tradicional cara de psicopata em um jogo mental com Tati. O médico e o monstro, ao vivo, para todo o Brasil.

"Eu não queria votar em ninguém, porque ninguém vale nada. Essa pessoa que eu voto deve valer alguma coisa. O resto não vale nem cinquenta centavos."

Jefferson (*BBB2*, 2002)

O pagodeiro Jefferson saindo do programa de bem com a galera, deixando várias portas abertas para a amizade.

"Você é um falso e nunca lavou a louça."

Jean (*BBB5*, 2005)

O professor Jean para Rogério. Logo, você é um ladrão porque nunca jogou amarelinha.

"Você é um louco na pele de cordeiro!"

Lia (*BBB10*, 2010)

A dançarina Lia, em briga com Eliéser. Tem razão. Um cara pra sair por aí vestido de cordeiro deve ser louco mesmo.

Solange: Olho minha bunda e olho a sua, sem comentário.
Marcela: Sua bunda? Cheia de estria?
Solange: Cheia de estria, mas não é caída, né, Marcela?

(*BBB4*, 2004)

Barraco épico na quarta edição do programa, briga de mulheres bêbadas dizendo verdades uma pra outra. Garantia de constrangimentos sem fim.

"Se você não tem um motivo, ou se você é burra, o problema é seu."

Maíra (*BBB9*, 2009)

A modelo Maíra brigando com Francine. Não chama a coleguinha de burra, Maíra!

"Tu é uma falta de respeito!"

Francine (*BBB9*, 2009)

A outra modelo, Francine, respondendo à Maíra. OK, retiro o que disse...

FALE DE SEXO O TEMPO TODO

BBBs falam muito de sexo. Talvez por falta dele ou pelas situações sensuais geradas no programa. O que importa é que sexo está na boca dos participantes de todas as edições. Portanto, vamos relembrar as melhores, as mais engraçadas, as mais absurdas e as mais constrangedoras afirmações sobre esse pessoal "a perigo" que habitou a Sodoma e Gomorra da Vênus Platinada.

Portanto, aspirante a BBB, se você quer se dar bem no programa, ou quem sabe decolar numa revista masculina ou *gay*, é bom começar a treinar a língua (no bom sentido) e perder todo o pudor, porque quem fala mais de sexo cai no imaginário do povão.

Por isso, à medida que o programa foi amadurecendo, passaram por ele incontáveis ninfomaníacos sem papas na língua que mexeram com o imaginário do público e causaram incontáveis situações constrangedoras na casa.

Marcela: **Não acho bacana fazer sexo num *Big Brother*, desculpa.**
Solange: **Pobrema é meu, a vida é minha, faço o que eu quero!**

(*BBB4*, 2004)

Cala a boca, Marcela! O "pobrema" é dela!

"Já sei. Quando ela gozou - tem mulheres que ejaculam, né? - gozou aí dentro!"

Liane (*BBB7*, 2007)

Apontando para o coração do triste caubói Alberto, que estava lembrando de um amor antigo, a estudante Liane criou uma das mais belas poesias da língua portuguesa. Te cuida, Bial!

“Eu te dei uma forcinha.”

Joseane (*BBB3*, 2003)

Joseane, ao falar que beijou o motoqueiro Dilson por pena. É isso aí, Joseane, faz parte do trabalho de *miss* fazer atos de caridade.

“Não nasci santa para fazer caridade. Se for minhoquinha, vou saindo fora.”

Natália (*BBB8*, 2008)

Tá vendo, Natália? É por isso que você não é *miss*!

"Vou voltar a ser virgem! Chega de férias! Preciso começar a trabalhar de novo."

Fani (*BBB7*, 2007)

Disse a jovem Fani, referindo-se à possibilidade de ficar na casa até o final do jogo. Na época, devem ter organizado uma fila em Nova Iguaçu. Tratar sexo como trabalho não vai pegar bem pra você, querida...

"Eu sou acostumada a ser o máximo, a ser o auge onde eu moro. Quando alguém fica em dúvida em ficar comigo, fere meu orgulho."

Fani (*BBB7*, 2007)

Uhú, Nova Iguaçu! Façam fila e peguem a senha!!!

"Acho melhor eu sair antes deste programa. Três meses? Ah, não... Meu instinto animal é muito grande. Namoro desde os 18 anos. Tô acostumada a praticar a coisa todo dia."

Fani (*BBB7*, 2007)

Essa foi da estudante de direito Fani. Também não estou acostumado a ouvir bobagens dessas e ouço por três meses. Vamos combinar: você aguenta daí, que eu aguento daqui!

"Carinho eu recebo de mãe e pai, homem tem que dar é porrada na cama."

Natália (*BBB8*, 2008)

Natália novamente, em mais uma de suas declarações polêmicas sobre sexo, e jogando no lixo a Lei Maria da Penha.

"Ele quer [sexo] toda noite. Até parece! Eu quero [sexo] antes de dormir e antes de sair de casa. Caso contrário, vou passar meu dia de mau humor."

Natália (*BBB8*, 2008)

A modelo Natália era tão feroz que comia homem no café da manhã!

"Ferrari [Fernando] vai deixar de usar cueca, de tão assado que vou deixar o p... dele."

Natália (*BBB8*, 2008)

Doçura, delicadeza, romance. Essa é Natália...

"Você está com uma sandália transada!"

Norberto (*BBB9*, 2009)

O radialista Norberto, tentando esconder a idade, mas usando palavras como "prafrentex" para elogiar a jornalista Priscila.

"Já fingi muito orgasmo nessa vida. Tem noites que você está cansada e quer acabar logo com tudo."

Talula (*BBB11*, 2011)

Se continuar atuando assim, essa vai direto pra novela das oito!

"É uma atração, não é carnal, é uma vontade de dançar junto, pertinho."

Daniel (*BBB11*, 2011)

Amor sem preconceitos no programa. O administrador Daniel vivendo seu momento Sergei e se declarando para o coqueiro.

"Segurança! Segurança!"

Pedro Bial (*BBB3*, 2003)

Bial, em um dos momentos mais bizarros dos *BBBs*. Uma mulher nua entra no palco para agarrar Bial, que, sempre reservado, pede arrego.

"Cadê a loira? Cadê a loira?"

(*BBB3*, 2003)

A galera cantava pedindo a loira pelada de volta. Enquanto isso, ouvindo tudo, a loira Elane se envaidecia dentro da casa.

"Essa 'ice' está gostosa. Foi temperada com o gosto da rachada."

Anamara (*BBB10*, 2010)

A policial militar Anamara, falando que a bebida ficou melhor depois que as meninas fizeram a dança da boquinha da garrafa sobre ela. Faltou só um certo sanduíche para acompanhar. *Finesse*, amigos, *finesse*...

NÃO ENTENDA NADA DE HISTÓRIA E GEOGRAFIA

A história e a geografia nos ajudam a descobrir e a refletir quem somos, de onde viemos e por que chegamos até aqui. Infelizmente, nenhum desses atributos pode ser conferido a um verdadeiro BBB, que tem como característica a total desinformação sobre os mais básicos conceitos das ciências humanas.

Um mundo onde dom Pedro I e Mao Tsé-Tung tomavam chá na casa do imperador Júlio César na lua povoa as incontáveis gafes proferidas pelos BBBs na tentativa de soarem mais eruditos e inteligentes.

Portanto, se você quer mesmo ser um BBB, precisa esquecer tudo o que aprendeu no ensino fundamental e entrar nesse mundinho onde tudo é mágica e fantasia. Começaremos treinando com os maiores absurdos históricos e geográficos cometidos pelos nossos heróis. Vamos dar uma espiadinha?

Thyrso: Dia da Proclamação da República?
Cida: Ai, gente, 7 de setembro.
Thyrso: De que ano?
Cida: Mil novecentos e...
Tarciana aparece e Thyrso repete a pergunta.
Tarciana: Foi perto de mil e quinhentos, entre mil e quinhentos e mil e seiscentos... Foi logo depois do Descobrimento.
Thyrso: Logo depois não foi, não... rolou uns setenta aninhos aí...
Cida: Dom Pedro não desenvolveu um texto?
Tarciana: Dom Pedro era rei.
Cida: Dom Pedro não tinha

um casinho com essa
pequena?
Tarciana: Princesa Isabel...
Cida: Ela declarou a Lei do
Ventre Livre...
Tarciana e Cida: ... Depois!
Tarciana: Proclamação da
Independência foi bem antes.
Cida: Foi aquele Dia do Fico.
Tarciana: Exatamente: "Se
for para o bem de todos e
felicidade geral da nação..."
Cida: "... Digo ao povo
que fico." Às margens
do rio Ipiranga.

(*BBB2*, 2002)

Hahahahahahahahahahahahahahahahahahaha (pausa) hahahahahahahahahahahahahahahahahahaha (respiro) hahahahahahahahahhahahaha

"Niterói é um estado do Rio."

Manuela (*BBB2*, 2002)

E você é um estado de calamidade pública, mulher!!!

"Na escola que vocês dão aula eu sou professora."

Tina (*BBB2*, 2002)

Qual escola? Aquela que você fugiu?

"Deserto tem esse nome porque nunca chove?"

Solange (*BBB4*, 2004)

Solange, para variar, cheia de dúvidas. Não, tem esse nome porque os pais se chamavam Desirrê e Roberto.

"O Egito fica na América do Norte?"

Kleber Bambam (*BBB1*, 2002)

Kleber Bambam pergunta enquanto jogava War com outros participantes. Se for, eu quero! Quatro exércitos contra Vladvostock!

"O Havaí é nos Estados Unidos?!?!?"

Solange e Cida (*BBB4*, 2004)

A frentista Solange e a babá Cida, perplexas com a informação que receberam de Zulu. É, sim, passando pelo Egito, na América do Norte, vire a segunda à esquerda.

"Não é assim? Mas Cainã é até mais bonito."

Francine (*BBB9*, 2009)

Francine, tentando falar ilhas Caimã. OK. Estados Reunidos e Idália também são nomes mais bonitos. Só vou falar assim agora.

"O que é isso? Comida italiana?"

Solange (*BBB4*, 2004)

A partir do momento em que a comida chega numa caixinha na qual está escrito "China", essa possibilidade é descartada.

"O maior shopping da América Latina fica em Campinas, mas o maior shopping do Brasil fica em Santos."

Rogério (*BBB5*, 2005)

E o maior burro do Brasil, fica onde?

"O que faz quem faz letras? Estuda história do Brasil e gramática?"

Rogério (*BBB5*, 2005)

Não, Rogério, quem faz letras aprende a escrever em Arial, Times New Roman e Comic Sans.

"Tinha que ser na Casablanca!"

Manuela (*BBB2*, 2002)

Manuela, falando sobre o Onze de Setembro. Jogue mais um avião, Sam...

FALE BESTEIRAS, MUITAS, O TEMPO TODO

Falar e falar e falar. Em um lugar onde não sobrou muito o que fazer, além de conversar e tentar aparecer para o público a qualquer custo, a possibilidade de os participantes começarem a perder a noção e a falarem pelos cotovelos todos os absurdos que conseguirem pensar é muito grande.

São, sem dúvida, os momentos em que a falta de inteligência, informação ou noção afloram ao máximo, produzindo momentos épicos e de inarrável absurdo.

Portanto, se você deseja mesmo embarcar na nave mais vigiada do Brasil, comece perdendo a vergonha de falar o que pensa ou, melhor, treinando a falar antes mesmo de pensar, como nos exemplos a seguir. Vamos acompanhar?

Na história da família do prefeito do Rio!

Kleber Bambam (*BBB1*, 2002)

Kleber, vencedor do primeiro *BBB*, respondendo bizarramente à pergunta: "Em que foi inspirada a minissérie *Os Maias* da TV Globo". Olha, Bambam, jurava que era sobre a família do Tim Maia!

"Macarrão com um pouquinho assim de sal, quase insonsa."

Fabrício (*BBB2*, 2002)

O que dizer dessa pérola, além de "Ô seu 'ingnorante'!"?

"Iarnuou/Iarnistilve/Iarnuou cesimarake/So lesta silve..."

Solange (*BBB4*, 2004)

Um clássico instantâneo. Você sabe que tem gente que até hoje só canta assim, né?

Fabrício: Lá em Gramado tem uma loja, a coisa mais linda, de papiro.
Thais: Papiro?
Manuela: O que é isso?
Fabrício: Não sabe o que é papiro? Estatuetas egípcias que são emolduradas para colocar na parede.

(*BBB2*, 2002)

Tem que emoldurar é essa conversa, para que as futuras gerações possam ver como se falava bobagem nos *BBBs*.

"Ela é formidável como atora..."

Fabrício (*BBB2*, 2002)

O estudante Fabrício falando sobre Renee Zellwegger. Você sabia que ela até ganhou o Oscar de melhor "atora", Fabrício?

"Queria ter um fogão de sete bocas."

Kleber Bambam (*BBB1*, 2002)

E meu sonho era ver um Kleber Bambam sem nenhuma.

"Dercy Gonçalves é uma legenda."

Gyselle (*BBB8*, 2008)

Uma legenda de filme censurado, provavelmente.

"Quando eu como chocolate, eu me sinto asiática."

Solange (*BBB4*, 2004)

Solange, confundindo mal-estar com continente. Então, Sol, na China o pessoal come chocolate pra caramba. Só lá tem mais de 1 bilhão de asiáticos!

"Vamos de novo lá no furúnculo?"

Solange (*BBB4*, 2004)

Solange, merecendo ser afogada no ofurô.

"Lagarto! Lagarto!"

Solange (*BBB4*, 2004)

Solange, durante uma festa mafiosa, tentando dizer "Ragazzo! Ragazzo!". Isso ia causar um mal-estar tremendo em um casamento siciliano.

"Aaaatirei o pau no mato..."

Solange (*BBB4*, 2004)

Solange, sempre ela, livrando o gato da canção infantil. Politicamente correto é isso aí. Solange errou a paulada e salvou o gato. Mas e o restante? Será que ela canta que o mato não morreu-reu-reu?

"Vou passar uma água cigenada."

Solange (*BBB4*, 2004)

E eu vou passar uma fita "zolante" na sua boca!!!

"As meninas aqui da casa podem ser *TOC model*."

Solange (*BBB4*, 2004)

"TOC model" é aquela que tem de acender e apagar a luz vinte vezes antes de ir ao banheiro vomitar o almoço para não engordar.

"O jogo está começando a iniciar."

Tati Pink (*BBB5*, 2005)

E minha paciência está acabando de terminar.

"A Oktoberfest acontece em que mês mesmo?"

Alan (*BBB5*, 2005)

Maio, Alan. Maio. Chama "oktober" por pura convenção.

"Quando eu sair daqui, vou contratar um *personal* trem."

Solange (*BBB4*, 2004)

Se for pra passar por cima de você, tô apoiando a ideia!

"E karim nos dentes? Já tiveram?"

Solange (*BBB4*, 2004)

É por isso que tem que escovar os "dentim"...

"Meu cabelo demora pra secar, fica até cum aqueles negócio verde: furo, né, Cida, furo?"

Solange (*BBB4*, 2004)

Solange, tentando falar "fungo". Furo deve ter na sua cabeça, louca!

"É com G."

Gyselle (*BBB8*, 2008)

A estudante Gyselle, ao ser indagada se seu nome era escrito com Z ou com S.

"Pinacoteca é uma coleção de discos."

Dourado (*BBB10*, 2010)

Claro que não! Todo mundo sabe que é uma coleção de pinacos, bobo!

Solange: Calicatura, caricatura... ***Todos:*** Caligrafia!!!

(*BBB4*, 2004)

Solange, chegando ao ponto de irritar a casa toda.

"Quem trabalha com ouro é ourífero."

Mirla (*BBB9*, 2009)

E quem trabalha com você deve ser um santo.

"Que ruflem os tambores!"

Lia (*BBB10*, 2010)

E que exploda meu ouvido!

"Essa comida é feita de massa esfoliada."

Eliéser (*BBB10*, 2010)

O legal é que a gente não sabe se ele está falando de culinária ou de estética...

"Fiz trabalhos como atriz, só não tenho resistro."

Liane (*BBB7*, 2007)

Nem diploma do Mobral, pelo visto.

"Faz dez pó de chinelo."

Eliéser (*BBB10*, 2010)

Seria o pó de chinelo obtido fazendo massa esfoliada dos chinelos comuns?

"Na faculdade, eu não aprendi gramática 'pura e nua'."

Cacau (*BBB10*, 2010)

A empresária Cacau misturou suas atividades na época da faculdade...

"Eu vou fazer menas academia."

Eliéser (*BBB10*, 2010)

E mais aulas de português?

"Vou no rolão ali."

Eliéser (*BBB10*, 2010)

Eliéser se atrapalhou ao escolher um frasco de desodorante *roll-on*...

"O Dourado fica fazendo eu se confundir."

Eliéser (*BBB10*, 2010)

Opa! Confuso agora fiquei eu!

"Eu vou enfiar um martelo na sua jogolar."

Anamara (*BBB10*, 2010)

OK, vamos fingir que essa parte do corpo não existe. Mas como você vai enfiar um martelo em alguém? Deve doer pra caramba!

BBBs jogando Stop (Adedanha).
Foi sorteada a letra M para a questão objeto.
Flávia: **Macaco!**
Alberto: **Mas macaco não é objeto.**
Flávia: **Ah, então, macaco de carro!**

(*BBB7*, 2007)

A promotora de eventos Flávia era uma daquelas pessoas astutas que estavam certas até quando estavam erradas.

Alan: **O príncipe encontrava--se combalido...**
Flávia: **Quem é Balido?**

(*BBB7*, 2007)

Quero ver você sair dessa agora, Flávia! Fala que Balido era o apelido do macaco do carro do príncipe!

"Igual uma pomba gíria."

Bruno (*BBB7*, 2007)

Deve ser um tipo de pomba que fala: "Qualé, 'véio'! Solta aê os bagulho dos miolinho pá nóis comê, mano!"...

"Vou a cultos evangélicos porque adoro música católica."

Liane (*BBB7*, 2007)

Alô, fã de gospel: você está fazendo isso errado!

"Eu tô andando em cima da corda, em cima da linha, há muito tempo. E nem malabrista eu sou."

(Siri, *BBB7*, 2007)

Não é "malabarista", sua porta!!! É "A-CO-BRA-TA"!!!!

Bial: **Diego, qual é o masculino pra cachorras?**
Diego: **Cachorro?**
Bial: **No seu sentido figurado...**
Diego: **Cachorros?**

(*BBB7*, 2007)

Diego, mostrando que só entende de cachorras no sentido figurado...

"Na infância, eu brincava de salada mística."

Gyselle (*BBB8*, 2008)

Deve ser uma mistura da brincadeira do beijo com aquela do copo, sabe?

INVENTE SUA PRÓPRIA CIÊNCIA MALUCA

As ciências deram à humanidade o entendimento do mundo. E a falta de qualquer noção das ciências mais básicas deu aos BBBs o poder de nos fazer rir de nervoso.

Biologia, física, química. Um bom BBB ignora os mais elementares conceitos científicos em sua luta para explicar o mundo de acordo com suas próprias idiossincrasias, transformando a realidade ao seu gosto e, é claro, liberando todas as formas de pérolas que fariam uma professora de ciências do ensino fundamental morrer de vergonha.

Portanto, se você quer mesmo ser um BBB vitorioso e milionário, aprenda para sempre: Albert Sabin e Einstein são apenas dois donos de hospitais famosos. Assim, vamos voltar à idade das trevas com nossos heróis do *BBB*.

"Essa parada de conhecimento aí eu não saco nada, não."

Rogério (*BBB5*, 2005)

Rogério, depois de Bial anunciar que faria uma pergunta de conhecimentos gerais. Rapaz, isso poderia estar na sua lápide!

Moisés: Neguinho é nervoso da barriga.
Thyrso: Deve ter umas cinco lêndeas aí dentro.
Moisés: Lêndea é na cabeça...

(*BBB2*, 2002)

O cozinheiro Thyrso, confessando que deve ser a coisa mais normal do mundo ter piolho nos intestinos.

"Quem estuda pássaros é o que, passarólogo?"

Manuela (*BBB2*, 2002)

Quem estuda eu não sei, mas acabei de descobrir quem não estuda.

"Não é esse bicho que dá leite? Então tira o leite do bicho."

Leka (*BBB1*, 2002)

Era uma vaca em questão, mas acho que se fosse uma caixinha Tetra Pak ela diria a mesma coisa.

"Cara, o ovo é uma parada muito doida, né, não? Ele gera um ser vivo."

Manuela (*BBB2*, 2002)

E ainda por cima faz omelete! Uau!

"É que tem seios grandes, pequenos, separados, juntos... o meu é diferente!"

Cida (*BBB2*, 2002)

Caídos...?

Dourado: **O que é mais pesado, um quilo de chumbo ou um quilo de algodão?**
Solange: **Lógico que é um quilo de chumbo!**

(*BBB4*, 2004)

Solange, caindo na pegadinha mais manjada do quinto ano. Mas como você não frequentou o quinto ano, a resposta correta é: joga no pé pra você ver!

"Se uma nuvem cair em cima de mim, eu acho que eu morro."

Cida (*BBB4*, 2004)

Cida, tomando sol (e deve ter tomado muito sol na cabeça!!!). Responda rápido: o que pesa mais, um quilo de chumbo ou um quilo de nuvem?

"A indústria de remédios não divulga para ninguém."

Manuela (*BBB2*, 2002)

Pior é que se divulgar vai vir naquelas letrinhas miúdas na bula...

"Como essa cobra entrou aqui? Voando?"

Solange (*BBB4*, 2004)

Ô Solange, cobra não tem asa! Só se ela veio pilotando um helicóptero! Aí sim!

Solange, olhando para uma colher: Minha cara tá de cabeça pra baixo, que engraçado.
Buba: É porque é um espelho, é por causa da curvatura, é côncavo...
Solange: Ah... (olhando pasma pra colher) cacâvo....
Buba: Côncavo!
Solange: E toda colher faz isso???
Buba: Claro!
Solange: Que estranho...

(*BBB4*, 2004)

E aqui termina mais um capítulo de *O mundo maravilhoso da física*.

"Isso aqui não é peixe, é atum."

Tati Rio (*BBB5*, 2005)

Estou desconfiado de que, pros BBBs, se algo vem em forma de lata, logo não é peixe...

"É, não é peixe, não. É igual a sardinha, que não é peixe, é sardinha."

Karla (*BBB5*, 2005)

OK, agora tenho certeza.

"Olha, olha! Uma cobra! Venenosa! Olha o movimento dela! É venenosa!"

Jean (*BBB5*, 2005)

O homossexual Jean se mostrando o entendido de cobras, numa das piadas prontas mais dadas (sem trocadilho) dos *BBBs*.

"Vou fazer bicicologia."

Francine (*BBB9*, 2009)

Ou seja, vai aprender a consertar bicicletas?

"Thiago, a perna do grilo cresce de novo!"

Cida (*BBB4*, 2004)

A única coisa que cresceu nesse *BBB* foram as orelhas de alguns participantes...

"Tadinho, ele tá agoniando!"

Siri (*BBB7*, 2007)

Siri, com pena de um passarinho que bateu no vidro da casa. "Agoniando" estou eu aqui, tendo que comentar essas besteiras!

"O que é, o que é: tem olho, mas não ouve?"

Cida (*BBB4*, 2004)

Hmmm, deixa pensar... Surdos?

"Será que ele pensa, será que ele tem dente?"

Solange (*BBB4*, 2004)

Solange, nossa campeã, querendo entender mais sobre um passarinho que visitava os *brothers*. Alguém tem de pensar nessa casa, né Solange?

"Não acredito que o homem tenha evoluído do macaco. Se isso é verdade, então por que não vemos mais macacos se transformando em homens por aí?"

Talula (*BBB11*, 2011)

Já vi mulheres se transformando em antas. Se servir de consolo...

"Essa cidade tá um caos, verdadeiro caos. Teve chuva de granito."

Uilliam (*BBB10*, 2010)

São aerolitos!!!

"Nós viemos do mesmo buraco, o *big bang*. O que tem dentro de você está a cinco mil anos-luz."

Manuela (*BBB2*, 2002)

O que está dentro do seu cérebro também, pelo visto.

FAÇA AMIGOS E ALIADOS

Parte muito importante de se vencer um *BBB* é fazer o maior número de amigos possível. É impressionante a capacidade que os participantes têm de criar amizades eternas em apenas alguns dias de convivência. Assim, em pouco tempo, aquelas duas pessoas que nunca seriam amigas na vida real se transformam em almas gêmeas, capazes de jurar lealdade e amizade eterna umas às outras.

"Amigo é coisa pra se guardar do lado esquerdo do peito", principalmente se essa amizade garantir um colar do anjo de vez em quando. É claro que muitas amizades nascidas dessa maneira acabam se frustrando e transformando grandes amigos em inimigos mortais à medida que o programa avança, mas isso já é outra história.

Portanto, um bom BBB precisa se derreter, abrir seu coração e transformar um completo desconhecido com quem você nem conversaria numa balada em um irmão de sangue, usando para isso frases feitas e clichês como esses que vamos acompanhar agora.

"Eu queria meu boneco, entendeu? A Maria Eugênia, ela tá a 45 dias ali, não incomodou ninguém."

Kleber Bambam (*BBB1*, 2002)

Bambam, descobrindo que a única amizade verdadeira na casa era com quem não conseguiu ouvir o que ele falava.

"Pessoal, diferentes em aspectos físicos e prioridades e coisa, mas em termos de entrosação, sentimento, aquela parada é legal mesmo."

Fabrício (*BBB2*,2002)

Fabrício, verborrágico, prolixo e aquela parada toda.

"Esse vento que está nos iluminando é o manto de Nossa Senhora que está abençoando nossa amizade."

Felipe, para Alberto (*BBB7*, 2007)

Legal, mas eu prefiro aquele vento fraquinho, à meia-luz...

"É claro que existe esse negócio de afinação aqui na casa. Eu vou votar em quem tiver menos afinação..."

Cida (*BBB4*, 2004)

Cida, mostrando total afinação com o português.

"Você é meu fã."

Tati Pink (*BBB5*, 2005)

A cabeleireira Tati dando um nó na cabeça de Jean tentando dizer que o professor era seu ídolo.

"Quando o Boninho veio no meu quarto, eu disse que se ganhasse a grana uma parte seria doada para ajudar a acabar com a fome no Brasil."

Paulo (*BBB3*, 2003)

Paulo, apelando para a caridade para ganhar o *BBB*. Funcionou tanto que ele não durou nem duas semanas na competição.

"Eu achava que aliado era uma coisa ruim. Não sabia que aliado era uma coisa boa."

Maria (*BBB11*, 2011)

Da modelo Maria, após brincadeira em que cada um deveria eleger seu maior aliado dentro da casa. Sabe o que também é bom, Maria? Um dicionário!

FILOSOFIA
PARA AS
MASSAS

Um líder precisa falar bonito. Para inspirar e impressionar seus colegas de confinamento, nada melhor do que uma boa dose de pensamentos profundos e filosóficos que inspirem admiração e reconhecimento de seus pares.

É claro que estamos falando de BBBs, de como eles são os mais despreparados para qualquer tipo de pensamento avançado, científico e/ou filosófico. Faltou completar a ideia...

O próprio Bial incentiva esse comportamento com seus discursos de encerramento ultraemotivos, prolixos e verborrágicos. O resultado é esse que você verá a seguir. E lembre-se: se você quer mesmo ser um BBB, aprenda com quem sabe!

"Isso aqui não é só dinheiro. Prêmio real é o entendimento de vida."

Dilsinho (*BBB3*, 2003)

E isso aqui não é programa de TV, é atraso de vida. Aliás, segundo Dilsinho, que abandonou o *BBB* ao tomar um toco da *miss* Joseane, entendimento de vida é desistir assim que aparece uma decepção.

"Tenho que aproveitar enquanto estou aqui, pois no céu não tem tatuador!"

Cristiana (*BBB1*, 2002)

A religiosa Cristiana, condenando todos os tatuadores do mundo ao inferno.

"Vocês acham que eu não penso, mas estão enganados. De vez em quando eu penso um pouco, sim."

Maria (*BBB10*, 2010)

Afinal de contas, tem que lembrar de respirar, né, Maria?

"Chorar é um sentimento nóbrico."

Caetano (*BBB1*, 2002)

Essa é do modelo Caetano. Pena que ele foi o primeiro eliminado e ficamos sem mais pensamentos "nóbricos" como esse.

"Gosto de ler livros espíritas para me sentir uma pessoa mais politizada."

Liane (*BBB7*, 2007)

Isso é fácil, quero ver ler livros políticos para se sentir mais espiritualizado!

"Vai dizer que Deus deu livre arbítrio para sermos abitolados?"

Airton (*BBB7*, 2007)

Pelo que vimos até agora neste livro é basicamente isso, Airton. Basicamente isso...

"Igualdade é tratamento igual aos iguais."

Alex (*BBB10*, 2010)

Profundo como um mergulho na superfície.

"Gosto de mulher bonita. A beleza é uma coisa bonita de se ver e de se admirar."

Ralf (*BBB9*, 2009)

E de se visualizar também!

"Quando tu vê que tu tá bêbada, tu já tá."

Nathalia (*BBB8*, 2008)

Quando tu vê que falou merda, já falou!

"Estou me sentindo vigiada."

Antonela (*BBB4*, 2004)

Antonela, numa casa com quinhentas câmeras você queria o quê?

"Eu entendi, mas pensava que fosse tipo um *feedback* de tudo que já passou."

Siri (*BBB7*, 2007)

Deixa eu te dar um *feedback*: cala a boca, Siri!!!

Solange: Cida, eu gosto muito de me olhar no espelho.
Cida: Eu também, Sol.
Solange: E quando a gente gosta de se olhar tanto assim no espelho, o que a gente é mesmo? É masoquista?
Cida: É, acho que é.
Solange: Ju, quem gosta de ficar se olhando no espelho é o que mesmo, é masoquista?
Juliana: Não, é narcisista.
Cida: Não falei, Sol, é nazista.

(*BBB4*, 2004)

Por onde começar, por onde começar??? Estou sem palavras.

PRATIQUE O
BULLYING
SEM DÓ
NEM
PIEDADE

Parte da estratégia para se vencer um inimigo é expô-lo ao ridículo e usar de violência verbal para desestabilizá-lo emocionalmente.

Apesar de ser uma boa estratégia, na maioria das vezes essa pressão psicológica acaba se apresentando com o bom e velho *bullying* escolar. Isso ocorre não apenas entre os participantes, mas também, muitas vezes, é encorajado pelo próprio apresentador Pedro Bial, que entra na festa para zoar gratuitamente com os participantes. Tudo em nome do *showbizz*, claro.

Então, meu caro aspirante a BBB, é hora de esfriar a cabeça e aprender com quem já fez história no programa a arte de humilhar o adversário.

"A Lia chora com tudo. Ela chora até quando está escovando os dentes, saudades da pasta de dente que tá indo."

Dourado (*BBB10*, 2010)

É que era uma pasta tão cheia de vida... buáááááá!

"É a dupla: inutilidade e futilidade."

Harry (*BBB3*, 2003)

O guia turístico Harry sobre a professora Elane e a advogada Viviane. Aê Harry, descobriu o Brasil, hein!

"Vamos falar agora com o nosso mané favorito, o Thyrsão."

Pedro Bial (*BBB2*, 2002)

Bial referindo-se carinhosamente a um participante eliminado. Pegou no seu pé, Thyrso, não larga tão cedo...

"Vai lá pra Bubu, fazer momo."

Pedro Bial (*BBB2*, 2002)

Bial, na eliminação de Thyrso, quando o público sugeriu que o participante viajasse com a amada Manuela para Caxambu, após a saída dela do programa. Tá vendo? E a sede de sangue do Bial não parou por aí...

Viviane: Você vai votar em mim?
Jean: Vou.

(*BBB3*, 2003)

Hahahahha!!! Chupa essa, Viviane!

"Você não gosta daquela idiota da sua cidade? Vamos ver."

Natália (*BBB8*, 2008)

Natália provocando Rafinha, ao falar da namorada do músico. Só sei que o Rafinha gelou. Não menos que a idiota na cidade dele, coitada!

Bial: Vem cá, o Dilsinho beija bem, Jose?
Jose: Tava muito escuro!

(*BBB3*, 2003)

Dilsinho foi tão vítima de *bullying* nesse *BBB* que acabou jogando a toalha mais cedo.

"Rapaz, é gostosa mesmo, hein, Dhomini?"

Pedro Bial (*BBB3*, 2003)

Bial, abraçando a modelo Sabrina Sato e deixando Dhomini chupando o dedo dentro da casa.

"No outro dia, ela dormiu tão feia que nem o anjo da guarda teve coragem de vir."

Dicesar (*BBB10*, 2010)

Dicesar tirando sarro da jornalista Angélica. Putz, então a situação estava mesmo feia!